Learn Colors in French with

Le Petit Prince®
The Little Prince™

Odéon Livre
Chicago
2019

Le Petit Prince ® / The Little Prince™

© Antoine de Saint-Exupéry Estate 2019

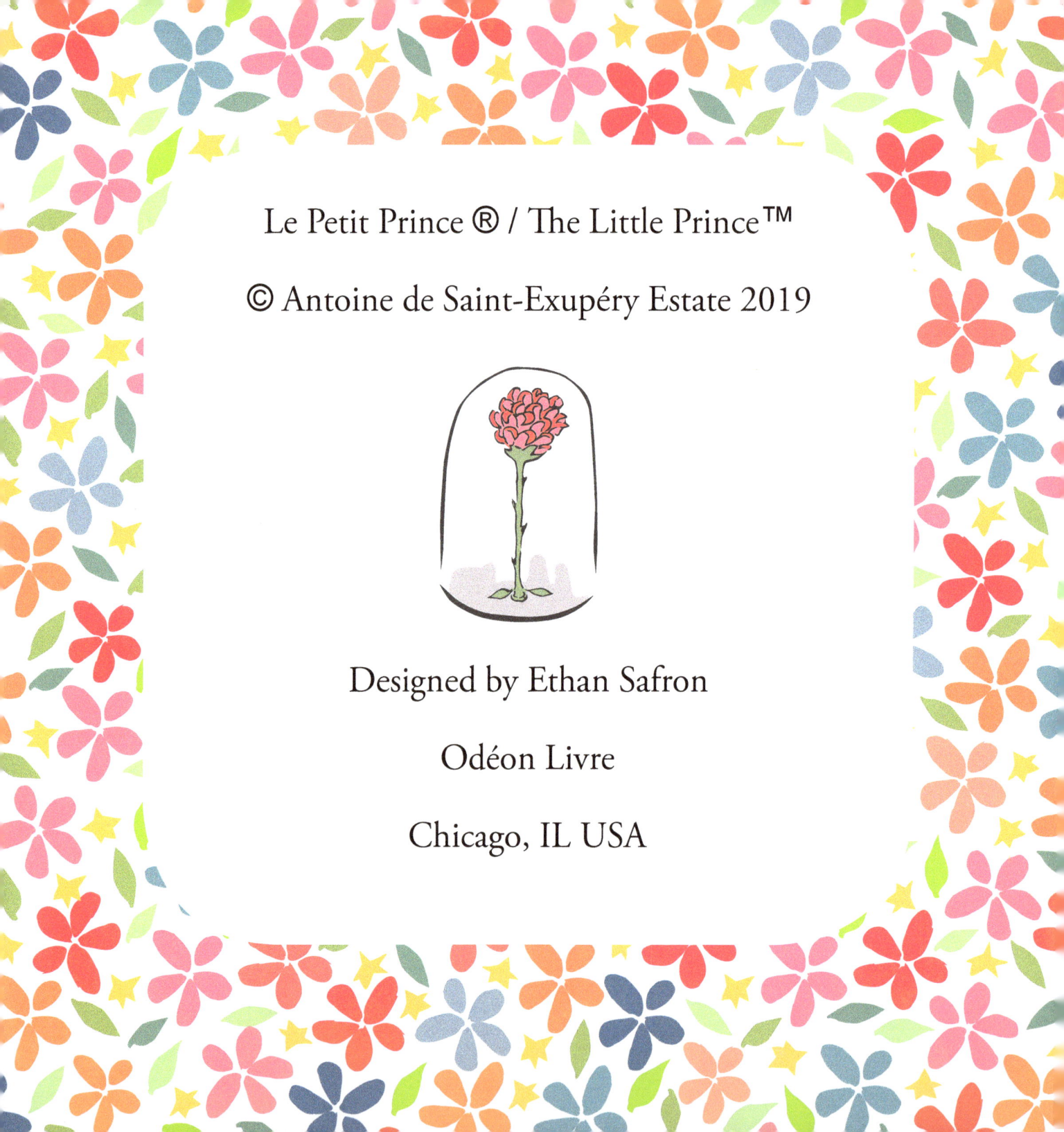

Designed by Ethan Safron

Odéon Livre

Chicago, IL USA

On the even side of the book, one will find quotes relating to the featured artwork. English translations of the original French have been set in *italics*.

On the odd side is a chart describing the colors seen on the previous page. To avoid repetition, objects that appear in multiple pictures—for example, the Little Prince's green shirt—are only labeled once.

Please note that a single color will have at least one spelling variation. "Vert", or green, becomes "vert*e*" if the subject is female. Similarly, if the subject is plural, an "s" is added ("les arbre*s* sont vert*s*").

For some, who are travelers, the stars are guides.

Pour les uns, qui voyagent, les étoiles sont des guides.

La tenue du Petit Prince est <u>verte</u>.

The Little Prince's outfit is <u>green</u>.

Le Petit Prince a des cheveux d'<u>or</u>.

The Little Prince has <u>golden</u> hair.

Le nœud papillon du Petit Prince est <u>rouge</u>.

The Little Prince's bow tie is <u>red</u>.

Et j'aime la nuit écouter les étoiles.

...and at night I love to listen to the stars.

Les étoiles sont <u>jaunes</u>.

The stars are <u>yellow</u>.

Les oiseaux sont <u>violets</u>.

The birds are <u>purple</u>.

Le manteau du Petit Prince est <u>vert</u>.

The Little Prince's coat is <u>green</u>.

La cape du Petit Prince est <u>rouge</u>.

The Little Prince's cape is <u>red</u>.

Les bottes du Petit Prince sont <u>violettes</u>.

The Little Prince's boots are <u>purple</u>.

Les fleurs sont <u>rouges</u>.

The flowers are <u>red</u>.

La planète est <u>grise</u>.

The planet is <u>gray</u>.

J'ai des amis à découvrir et beaucoup de choses à connaître.

I have friends to discover, and a great many things to understand.

La rose est <u>rouge</u>.

The rose is <u>red</u>.

Le soleil est <u>orange</u>.

The sun is <u>orange</u>.

Mais j'en ai fait mon ami, et il est maintenant unique au monde.

But I have made him my friend, and now he is unique in all the world.

Les arbres sont <u>verts</u>.

The trees are <u>green</u>.

Les montagnes sont <u>violettes</u>.

The mountains are <u>purple</u>.

Elle choisissait avec soin ses couleurs.

She chose her colors with the greatest care.

La rose est <u>rose</u>.

The rose is <u>pink</u>.

La tige de la rose est <u>verte</u>.

The rose's stem is <u>green</u>.

Le mouton est <u>blanc</u>.

The sheep is <u>white</u>.

Les cornes du mouton sont <u>noires</u>.

The sheep's horns are <u>black</u>.

Tu seras toujours mon ami. Tu auras envie de rire avec moi.

You will always be my friend. You will want to laugh with me.

Le renard est <u>orange</u>.

The fox is <u>orange</u>.

Elle était bonne pour le cœur, comme un cadeau.

It was good for the heart, like a present.

La ceinture du Petit Prince est <u>rouge</u>.

The Little Prince's belt is <u>red</u>.

L'écharpe du Petit Prince est <u>jaune</u>.

The Little Prince's scarf is <u>yellow</u>.

La Terre n'est pas une planète quelconque !

The Earth is not just an ordinary planet!

L'eau est <u>bleue</u>.

The water is <u>blue</u>.

La terre est <u>verte</u>.

The land is <u>green</u>.

Toutes les étoiles sont fleuries.

All the stars are a-bloom with flowers...

Le nuage est <u>blanc</u>.

The cloud is <u>white</u>.

Le ciel est bleu.

The sky is <u>blue</u>.

Si alors un enfant vient à vous, s'il rit, s'il a des cheveux d'or, s'il ne répond pas quand on l'interroge, vous devinerez bien qui il est.

Then, if a little man appears who laughs, who has golden hair and who refuses to answer questions, you will know who he is.

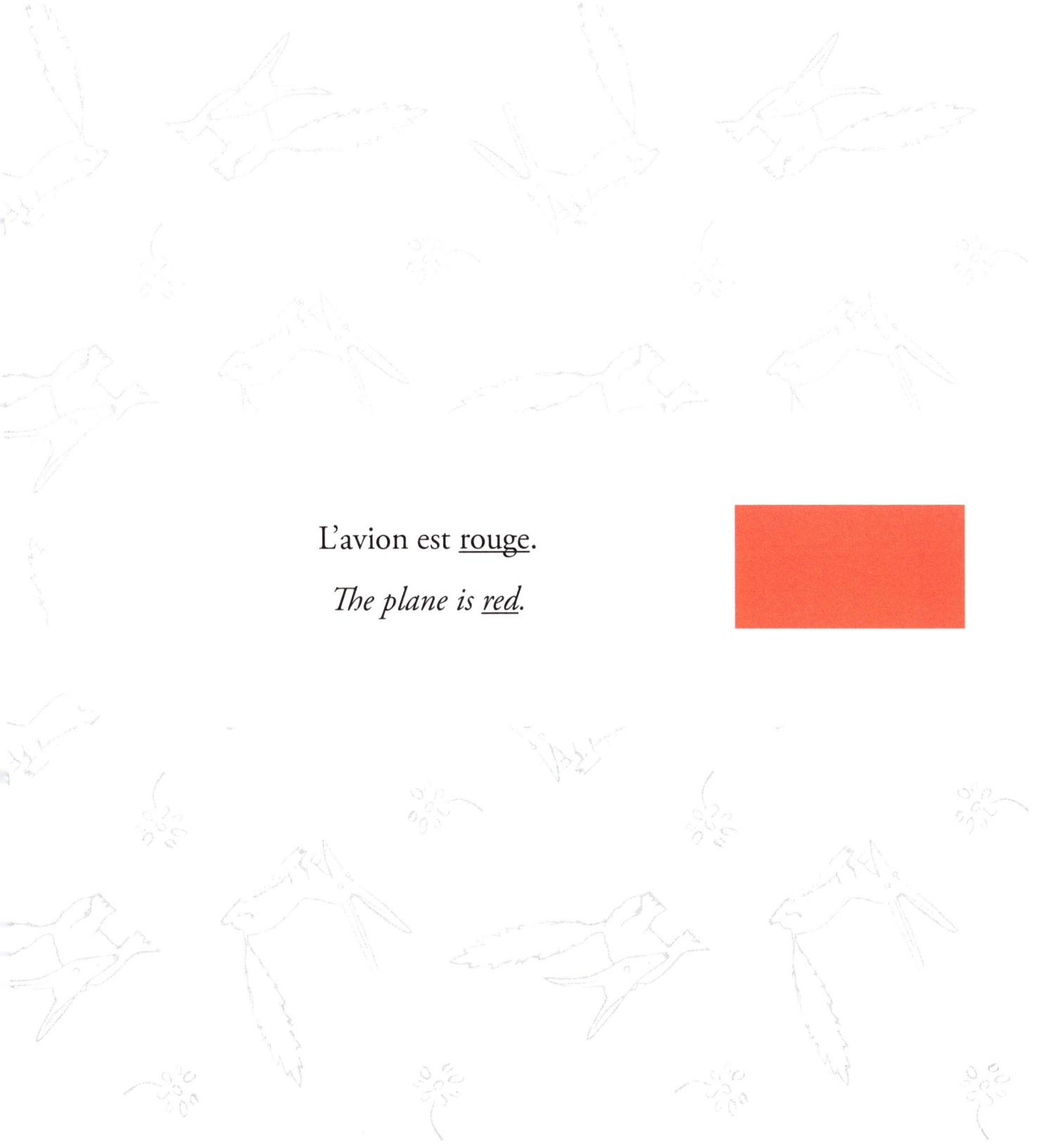

L'avion est <u>rouge</u>.

The plane is <u>red</u>.

La lune est <u>blanche</u>.

The moon is <u>white</u>.

Les chaussures du Petit Prince sont <u>noires</u>.

The Little Prince's shoes are <u>black</u>.

www.ingramcontent.com/pod-product-compliance
Lightning Source LLC
LaVergne TN
LVHW070949070426
835507LV00030B/3471